La comarca Ngöbe Buglé:
Leyendas y tradiciones

Yolanda Ríos de Moreno.

La comarca Ngöbe Buglé:
Leyendas y tradiciones

Editorial Fuga

Yolanda Ríos de Moreno.

808.0683

R479

Comarca Ngöbe - Buglé / Yolanda Guadalupe Ríos Cantú de Moreno – Panamá: Editorial Fuga Editor, 2010.

97 p.; 21 cm.

ISBN 978-9962-00-803-3

Coordinación de edición: Carlos Wynter Melo.

Edición: Álvaro Valderas.

Ilustraciones: Alejandro Henao Britton.

Diagramación y diseño: Alejandra Zuno.

Panamá, 2010

ÍNDICE

Prólogo   1

Capítulo 1
    El origen   4
    Inicios   7
    Organización   11
    Filosofía   15

Capítulo 2
    Ubicación y sociedad   18
    División étnica   20
    Localización   22
    Producción   23
    Organización social   29

Capítulo 3
    La familia y sus costumbres   34
    Nacimiento   36
    Adolescencia   41
    Salud   43
    Festejos   46
    Rumbo a mi pueblo   51

Perfil de la autora   53

PRÓLOGO

Acostumbrados en nuestra sociedad a un avance imparable, pareciera que cualquier mirada hacia atrás nos restase méritos. La historia oficial apenas atiende sino a logros políticos y económicos, no a las personas, a las tradiciones, al por qué de cada acto cotidiano o a la relación entre el individuo y la naturaleza. No se cuestiona qué nos constituye, preocupada por cómo nos han conformado.

Por definición, su campo de estudio comienza con la escritura: la prehistoria queda fuera de su alcance. Por eso, obras como la presente dan el salto y escriben las páginas que faltan para convertir el folclore, dentro de lo posible, en objeto de historia, en una experiencia asimilable.

Con su prosa ágil y limpia, y apoyándose en los grandes autores, como Amílcar E. Briceño, Francoise Guionneau Sinclair o Reina Torres de Araúz, y en su propia experiencia como escritora de trayectoria amplia, Yolanda Rios de Moreno, busca la integración del mundo Ngöbe-Buglé a nuestro acervo cultural antes de que el tiempo, la discriminación o la desmemoria anulen definitivamente alguna parte de él.

La comarca Ngöbe-Buglé nos cuenta la aventura de una investigadora que es aceptada por los sabios ngöbe para conocer su cultura y expandirla fuera de sus fronteras. En este proceso de iniciación, una extraña enfermedad –símbolo del cambio integral que se está produciendo en su interior– trata de incapacitarla, pero su tesón y los remedios naturales que le proveen los grandes curanderos indígenas le permiten culminar su misión exitosamente.

Este libro demuestra que el cuento continúa siendo una de las grandes herramientas para la transmisión del conocimiento, apta para todas las edades, que nos permite aceptar de una manera muy directa las enseñanzas que contiene, se diría que sin necesidad de esfuerzo intelectual.

Para mí, es una de las formas más bellas que puede adoptar la etnografía.

Álvaro Valderas

CAPÍTULO 1

El origen

Estaba por graduarme de la Facultad de Humanidades y decidí hacer un viaje de estudios a la Comarca Ngöbe-Buglé, pues creí que sería un buen tema de investigación, a pesar de las advertencias de mi profesor, quien me había dicho:

—Ellos pertenecen a una raza de recios guerreros, con gran resistencia a aceptar a los extraños. Seguro que te harán pasar por los tres ríos.

—¿Tres ríos?

—Bueno, tres pruebas, quiero decir –interrumpió sonriente–, ya comprenderás.

Al final, el viaje resultó tan maravilloso que quiero compartir contigo esa increíble experiencia.

Fui a un lugar real y mágico a la vez, donde el tiempo se había detenido. No hay huella de su paso, allí la naturaleza está intacta y sus moradores se esfuerzan por conservarla así.

Pareciera que el acceso a estos parajes donde aún subsisten grupos indígenas resultaría fácil, pero no lo es, ya que ellos viven lejos unos de otros y en terrenos difíciles de recorrer. Les gusta la sencillez de la naturaleza y la de sus costumbres, que defienden con gran firmeza. Tienen gran respeto y admiración por sus antepasados.

Durante tres semanas estuve buscando a un miembro indígena de esta comarca, sin lograrlo.

Todos los días, después de buscarlos durante horas y horas, me sentaba, ya cansada, en alguna roca a leer y orar, pensando que así ganaría su confianza. Ya casi desistía de mi idea cuando, al iniciar la cuarta semana de búsqueda, subiendo las montañas y adentrándome en la espesa naturaleza tropical, me encontré con un indígena, altivo y ceremonioso, muy anciano ya, pero con una gran serenidad en su rostro.

Estaba sentado sobre la raíz de un árbol frondoso, sus ojos reflejaban sabiduría y paz. Me miró sereno y, señalándome un viejo tronco, lentamente dijo:

—Siéntate.

Empezó a compartir sus recuerdos conmigo, como si ya supiera mis intenciones, me habló de la leyenda de su pueblo noble, sus glorias, las luchas entre grupos mayas y chibchas.

Con gran embeleso por el tono ancestral de su voz, escuchaba atenta su narración, después de encender mi grabadora para conservar toda su fascinante historia.

Inicios

Se remontó a muchos, muchos años atrás, cuando el sol y la luna mostraron sus galas por primera vez a los hombres sencillos, expertos cazadores, dedicados agricultores y valerosos guerreros quienes, maravillados, comenzaron a adorarlos como dioses. Este pueblo era parte de la tribu chibcha, que dominaba desde la actual Nicaragua hasta lo que hoy es Ecuador.

–Ellos adoraban a Nocomala, dios supremo quien, benigno y misericordioso, gobernaba al mundo –me dijo el anciano con sus ojos entrecerrados, como queriendo enfocar un recuerdo muy lejano–. Él creó la tierra y el cielo; pero todos estaban muy tristes porque su mundo seguía en tinieblas...

Yo escuchaba con asombro su relato. De pronto, hizo una pausa para encender su pipa, y la aproveché tomando notas para mi trabajo.

—Un día, Nocomala fue a pasear por las riberas del río Guaymí. Allí conoció a una joven mujer llamada Rutbe, con quien vivió por un tiempo y que le daría gemelos, una niña y un niño. Los pequeños fueron criados por su madre en la tierra, pero al transcurrir doce años su padre regresó a la casa y los encontró solos, ya que ella, la bella Rutbe, había ido a una fiesta. Nocomala, disgustado, se los llevó al cielo y los transformó: en sol al niño y en luna a la niña. Desde entonces existe la luz del día y la luz de la noche.

Él aspiró profundamente su pipa y luego soltó una gran bocanada de humo. Tras una pequeña pausa, prosiguió:

—Nocomala, como dios supremo, regía a los dioses secundarios. Entre ellos estaba Nubu, representado por una colina sagrada. Este dios tutelar era muy temido y respetado. Una vez al año, el pueblo realizaba sacrificios de animales, le llevaban ofrendas sencillas y las entregaban a cierta distancia, pues Tuclu, el dios del mal, les prohibía acercarse a él. Sólo les estaba permitido acercarse a los venerados ancianos, los caciques y los guerreros nobles. Tuclu era quien elegía a los brujos y celebraba pactos con ellos.

Desde entonces, los brujos son muy temidos, pues ellos te arrebatan el alma en sueños y pueden provocarte la muerte; también son los responsables de la enfermedad, y sólo otro brujo tiene el poder de curar al enfermo, lo cual hace a través de la interpretación de los sueños.

El anciano pareció perderse por un instante en recuerdos muy lejanos. Luego volvió al relato:

—Pasado el tiempo, Nocomala, al ver con disgusto el mal comportamiento de los humanos, destruyó por las aguas a todos los habitantes de la tierra. Nubu, dios tutelar, conservó la semilla de un hombre dormido. Una vez que se apaciguó la ira del dios supremo, Nubu sembró la semilla, y de su parte sana nacieron el hombre y la mujer, mientras que de la parte corrupta nació el simio.

El amable anciano hizo un gesto teatral con la mano.

—El sueño —sigue contando— es un símbolo muy importante en la vida de nuestros antepasados. Ellos tenían la creencia de que el espíritu del jefe, junto con el de sus esclavos, que lo siguen en la muerte, viaja hacia una tierra amena y deliciosa. Pero el muerto debe pasar por tres ríos, llamados: Hutey, Hemay y Olay. Sólo los que estaban pintados los cruzaban fácilmente y alcanzaban la dicha en la tierra prometida. Cuando muere un hombre pintado, sus parientes confían en que él les ofrecerá la ayuda necesaria para lograr pasar el embravecido y desafiante cauce de los ríos cuando les llegue la hora. La pintura —enfatizó el anciano con voz grave para volver a captar mi atención en un momento en que yo miraba hacia el cielo para fotografiar el vuelo de una gran águila arpía— es otro símbolo importante, pues desde la época arcaica existe una gran división entre el pueblo: la élite y la gente común.

Organización

—La división social de la élite se distinguía por su vestimenta, tatuajes, pintura en cara y brazos, así como las grandes y hermosas joyas de oro y jade que junto a finas plumas de quetzal y faisán los engalanaban.

Aquí, el sereno indígena hizo una pausa, como para ordenar su pensamiento, que aproveché para tomar fotos de la exuberante vegetación, y vi a un extraño animal, que parecía inmóvil, colgando de un árbol. Hice varias tomas y pregunté:

—¿Cómo se llama ese animal?

—Perezoso—contestó el anciano parcamente, mientras se acomodaba para seguir su pausado e interesante relato.

Esta élite —dijo— se divide en cinco estamentos: Quevi (cacique), Saco (hombre de la nobleza), Cabra (noble guerrero, hombre que administra y manda), Espavé (esposa del noble) y Tequina (sacerdote, adivino). La gente común la componían el pueblo llano, los esclavos y los prisioneros de guerra. El Quevi gobernaba y podía reestablecer la paz, sentenciar al que mentía, conducir a la guerra, distribuir bienes y controlar las fuerzas sobrenaturales, que orientaba siempre para el bien del pueblo. Su cuerpo se adornaba con pinturas corporales rojas y negras, se erguía majestuoso, usando tatuajes y piezas de orfebrería como símbolo de su alto rango, su poder sagrado y secular. El Tequina era un médico-sacerdote que dirigía ritos ceremoniales, conversaba con los espíritus, interpretaba los sueños y convivía con los médicos-brujos. Él podía controlar las fuerzas positivas y negativas del universo; por eso, controlaba el clima, vigilaba las cosechas, regulaba la vida social y curaba a los enfermos. Existían dos clases: el Tequina profeta, que veía el porvenir, y el Tequina herborista, que recogía y sabía de plantas, y controlaba las hierbas medicinales.

—Entonces, ¿el Tequina sacerdote era tan sabio como el Quevi cacique? —consulté con interés.

—Tanto el sacerdote como el cacique —me explicó el anciano, mientras seguía con mis apuntes y sentía el agudo piquete de una mosquita que espanté rápidamente—, compartían el saber sobre el origen de las cosas para dominarlas y utilizarlas, tenían un conocimiento intelectual, filosófico y profundo sobre mitos e historia. Este conocimiento de la naturaleza, del origen e historia de la humanidad, y la relación con el mundo sobrenatural, les daban su gran poder. Pero sólo el Quevi era el elegido por los dioses —afirmó solemne el anciano—. La élite intelectual recibía intercambios de conocimientos a través de viajes a diferentes tribus lejanas, por lo que utilizaban un lenguaje diferente al del hombre común. Además, sólo ellos, los pintados, tenían el privilegio de la vida eterna: su servidumbre y esclavos le seguían al otro mundo para continuar asistiéndolos.

Filosofía

El anciano, cansado, cambió de postura y, reacomodándose su capa, tan arrugada y vieja como su propia piel, ya con frases aún más lentas, dijo:

—Nuestra mitología tiene tres fuentes fundamentales de vida.

Me sentí incómoda por su aspecto demacrado y traté de ayudarlo, acercándome un poco, pero él, con gesto digno, subió su mano para impedírmelo, al tiempo que retomaba el aliento y decía:

—A la fuente representada por el sol, que mantiene nuestra vida con el calor de sus rayos, la llaman celestial. A la fuente de alimentación, formada por la tierra, el agua, las plantas y los animales, la llaman planeta. Y a la fuente portadora de los hijos y, por tanto, de la humanidad, la llaman mujer. A estas tres fuentes les rendimos veneración.

Entonces noté un tenue resplandor alrededor de su cuerpo. Y con firmeza me dijo:

—Estas creencias se van olvidando con el paso de los años y de los siglos, pero... yo, Carabaru, se las he venido recordando a todos para que no olviden sus raíces.

Después, el anciano acercó su mano para darme un objeto, diciendo:

—Con esto recordamos. Es la semilla del conocimiento. Debes compartirla.

Me quedé fascinada mirando la pequeña semillita. Cuando quise darle las gracias y pedirle encontrarnos de nuevo al día siguiente, ya no pude verlo, él se había ido sin despedirse. Sólo alcancé a ver el humo de su pipa, que se mezclaba con el vapor sofocante de la selva, y al águila arpía retomar su vuelo.

CAPÍTULO 2

Ubicación y sociedad

Esa noche me acosté, soñé y desperté pensando en lo mismo: salir corriendo hacia la montaña con la esperanza de encontrarme con el anciano, pero no fue posible. Pasé tres días en cama con fiebres altas que me debilitaban, sentía cómo el sudor se escurría por mi cara y extraños escalofríos recorrían mi cuerpo. Al cuarto día, aún débil, inicié la búsqueda por los alrededores del árbol frondoso, pero no lo hallé. Entendí que debía hacer algo para atraerlo de nuevo hacia mí, y durante tres días me senté a tallar madera, empecé a moldear una figura. Mientras silbaba una dulce melodía, alcancé a ver un joven de rasgos recios, que traía su arco y flechas. Pensé que era un cazador y me acerqué a preguntarle:

—¿Conoce usted a Carabaru?

—Sí –contestó parcamente el indígena–. Sí conozco. Intenté continuar la conversación con él y le dije:

—Es que quiero aprender más sobre esta comarca. ¿Sabes cómo se creó? —Yo, Cintara, puedo ayudar –y dicho esto, con gran agilidad subió a una alta roca y se sentó sobre sus talones.

No pude seguirle hasta la roca debido a mi debilidad, pero me acerqué y, con cuidado, me acomodé sobre una rama gruesa. Atenta en todo momento y con mi equipo cerca, prendí la grabadora y, lápiz en mano, empecé a dibujar su imagen, al tiempo que lo escuchaba.

División étnica

El indígena me contó, con gran orgullo, que ellos son de origen chibcha y se conocen alrededor de 22 grupos con 40 dialectos diferentes, que se extienden desde Nicaragua hasta Ecuador, uniendo a Centro y Sur América. Entre estos se distingue un grupo llamado Guaymí, que vive en la parte este de Costa Rica y al oeste de Panamá. Dentro de ellos encontramos dos grupos con dialectos diferentes, que se llaman Ngobere y Buglere. Pertenecen a las tribus Ngöbe o Movere y Buglé, o Bokota. Son los descendientes de los pobladores más antiguos del Istmo de Panamá.

Sudorosa por la fiebre, que no cedía, miraba al joven. Este era más bien bajo y delgado. Su porte, de gran nobleza, tenía dibujadas unas extrañas líneas negras debajo de sus ojos que iban de un lado al otro de su cara; en sus mejillas, círculos rojos, y de sus labios salían rayas hacia las orejas. Un collar de chaquira adornaba su cuello. Seguí atenta a sus palabras al tiempo que, con dificultad, dibujaba sus rasgos en la libreta. Me explicó que la Comarca Ngöbe-Buglé es una de las más grandes y pobladas de Panamá. Al territorio, que abarca la provincia de Chiriquí en Tierras Altas, Bocas del Toro y parte de Veraguas, lo llaman Doboteme. Tiene tres regiones, y cada una cuenta con un cacique o Donque Kri.

Localización

El ambiente en cada región es diferente: la zona de Tabasará, ubicada entre Chiriquí y Bocas del Toro, es montañosa; la zona de Veraguas tiene sabanas deforestadas y onduladas; en Cricamola y Changuinola están los asentamientos ribereños; y la zona marina, cuenta con las islas de la Laguna de Chiriquí.

Estas tribus –me siguió contando el cazador–, al encontrarse tan diseminadas por terrenos de difícil acceso, han desarrollado la habilidad de adaptase fácilmente a su medio ambiente; están emparentadas lingüística y culturalmente, pero con costumbres que varían según el entorno ambiental.

La base de su economía es la agricultura, pero con una producción sólo de subsistencia.

Producción

El cazador me contó que sus principales productos eran las raíces, los granos, el plátano y el coco, y que las frutas que más consumían eran la naranja, el limón, la piña, el guineo, el mango y la papaya. Ellos practican el sistema de roza, es decir, limpian la tierra para poder sembrar, y en esa labor participan tanto hombres como mujeres. Y completan su alimentación criando gallinas, patos, pavos y cerdos.

Hizo una pausa. La tarde era fresca y soleada, se podía observar gran cantidad de aves, a pesar del espeso follaje, y tuve la oportunidad de captarlas con mi cámara.

Aproveché para preguntarle sobre sus actividades y él me habló entonces sobre la cacería. Me contó que sólo se practica para alimentarse, y que en Veraguas abundan los conejos y las iguanas, mientras que en la región bocatoreña se pueden cazar venados, ñeques, conejos pintados, puercos de monte y saínos.

Los instrumentos que usan para esta actividad son el arco, la flecha y el arpón.

La pesca la realizan principalmente en Bocas del Toro, en cuyas cristalinas aguas costeras abundan las tortugas de carey y las tortugas verdes, que son muy apreciadas por su carne y sus huevos. Allí utilizan con gran habilidad arpones de tres puntas y redes. En lós ríos usan una planta venenosa llamada barbasco. La recolección de moluscos y crustáceos la realizan los niños y los jóvenes, quienes también disfrutan la pesca de camarones en la corriente de los ríos.

Otra actividad es la de sus tejidos a mano, en especial la confección de chácaras, que son bolsas de diferentes tamaños, hechas con fibra de cabuya, que se obtiene al retorcer las pencas carnosas de la pita. Para trabajar la fibra usan un polvo blanco que se obtiene de la resina llamada caraña y que le da consistencia y unión a la fibra. Tiñen los hilos con colorantes vegetales usando los colores negro, rojo y amarillo. Confeccionan grandes canastos que sostienen con su frente y descansan sobre su espalda para transportar la cosecha.

Aún me sentía con fiebre y sudorosa. La enfermedad no cedía, y mi cuerpo se estremecía, húmedo y débil. Por un momento sentí que desfallecía, como si un sofocante sueño me absorbiera con brumas grisáceas, entre las cuales me pareció ver al indígena acercarse y poner en mi frente unas hojas que refrescaron mi cara. El aroma de estas hojas me penetraba, y mi pecho se abría ante su perfume dulce y calmante, mientras escuchaba —aspira, aspira‖. No supe cuánto tiempo estuve así. Cuando desperté, casi repuesta, él seguía allí esperando.

—¿Ya se siente mejor? –preguntó, con sincera curiosidad.

—Sí, gracias. Por favor, continúe, ya puedo dibujar de nuevo. Hábleme sobre su forma de vestir.

El indígena se acercó un poco y se acomodó de nuevo, sentándose sobre sus tobillos; parecía listo para saltar. Comenzó su relato:

—Algunos vestidos de niños y prendas interiores se confeccionan con tela de corteza. Esta tarea la realizan las mujeres, quienes consiguen la corteza del árbol, que majan y golpean hasta lograr una textura suave y esponjosa. Un trabajo para el que tienen gran destreza es el de la confección de chaquiras, que son collares de cuentas obtenidas de conchas, huesos y vidrio, que realizan con diseños geométricos y multicolores. Los pocos trabajos de madera que hacen son de uso doméstico como el pilón que usan para descascarar el arroz.

Mientras se cambiaba a otra roca más baja, con un ágil movimiento, añadió:

—Cada familia vive a gran distancia de las otras, no forman pueblos.

Organización social

Quise saber más sobre la forma en que vive la familia en su casa. Se quedó pensativo por un momento, como para organizar sus ideas, y reanudó su relato. Habló entonces sobre la ubicación de la vivienda, que es dispersa, con la costumbre de formar pequeños caseríos de siete a diez chozas, cuyas familias están emparentadas.

En Veraguas, las viviendas son de forma circular, construidas sobre la misma tierra, y se usa la paja peluda para formar las paredes de quincha. Tienen otras estructuras sin paredes donde instalan fogones adicionales al que existe en la casa, que llaman Niogua-Kói y los utilizan en rituales, y en los ritos que celebran por enfermedades, embarazo y pubertad.

En Bocas del Toro, a lo largo de la costa, la vivienda se construye sobre pilares en plano rectangular, con hojas de palma, y el piso está hecho con troncos de palma partidos. A esta vivienda se sube por una escalera de tronco tallado a mano. Las chozas, ubicadas a orillas del río Cricamola, siguen este patrón y, además, las paredes las hacen con caña blanca, y el techo con las hojas de una palma llamada guágara. En todas las zonas se construye un jorón donde guardan la cosecha.

El medio de transporte habitual, tanto en la zona montañosa como en las sabanas, es el caballo, que se usa como animal de carga, y en los ríos y zonas costeras se utiliza la canoa, confeccionada de un sólo tronco, y se utiliza el canalete para impulsarla.

Las mujeres usan sus vestidos muy sencillos pero coloridos, que se conocen como Nagua, que consisten en una larga bata de colores lisos y vivos, con aplicaciones de formas geométricas y colores contrastantes en el pecho y las mangas.

El tiempo se pasó rápido y el sol ya se estaba poniendo, dejando a su paso una hermosa estela de pequeñas estrellas en el firmamento, pero yo seguía atenta a la historia, cuidando de que todo estuviera grabado, a pesar de sentir que recaía en mi malestar, y encontrándome de nuevo sudorosa y débil.

—Durante las fiestas —prosiguió con entusiasmo el joven—, algunos sacan a relucir un vestido que lleva aplicaciones geométricas de colores alegres, usando además numerosas sartas, peinetas y collares. La pintura facial que se usa en los rituales está confeccionada con una cera obtenida de un insecto que se cría en los árboles como el jobo, cerca de las chozas. Mediante la cocción de estos insectos se obtiene un líquido gomoso que luego se mezcla con el achiote o con caraña para obtener los colores rojo y negro.

Me distraje un momento y, asustada, vi correr a un gran saíno.

Cuando me di la vuelta para avisar al indígena, él ya no estaba. Ni ruido hizo al irse. Sólo dejó en la roca una flecha tallada en piedra, que yo recogí, curiosa.

Tal parece que ésta es otra de sus habilidades, pensé, desaparecer fácilmente. Las sombras empezaban a llegar. Entre los troncos avanzaba una línea blaquecina en la que se podían distinguir decenas de bichitos volando.

Regresé al pueblo con dificultad, y me propuse tratar de encontrar su choza al día siguiente para agradecerle su regalo.

CAPÍTULO 3

La familia y sus costumbres

No pude levantarme de la cama durante tres largos y fatigosos días. La fiebre subía y bajaba, aunque tomara el té que, cada poco, me ofrecían los campesinos. No fue hasta el cuarto día que pude salir a buscar la choza de Cintara. Lo hice temprano y tomé el camino del este hacia el río Changuinola. Esta vez iba preparada con obsequios, llevaba pan y frutas para dar a los animalitos, semillas y granos para la familia de Cintara y golosinas para los niños. Habían pasado ya tres horas cuando a lo lejos vi a un joven y caminé con dificultad hacia él. Le pregunté si conocía a Cintara y me respondió que sí. Le pedí que me llevara a su choza. El indígena me contestó, muy ceremonioso:

—Yo, Curinca, puedo guiar y curar.

En el camino de trocha salvaje, con cada paso aumentaba mi agitación, al tiempo que esparcía migajas de pan para las aves que nos seguían con alegre canto.

—¿Me puedes curar? —pregunté curiosa—. ¿Con qué? He tomado té de varias hierbas que me han ofrecido como medicinales y apenas siento un ligero alivio.

Él me dio unas hojitas que parecían como romerillo blanco, y simplemente me dijo:

—Mastica.

Mientras lo hacía, esperando que esto al fin me sanara, conversamos sobre la organización de la tribu Ngöbe-Buglé, que se basa en la familia. Para ellos, la familia y sus integrantes son los verdaderos valores y las posesiones más preciadas.

Todos trabajan en unión dentro de un sistema patriarcal. Es decir, la autoridad y el gobierno son ejercidos con sencillez y benevolencia. Se tratan entre sí con un gran respeto, tienen rituales especiales para cada evento familiar importante y, aunque sus viviendas están lejos unas de otras, mantienen una unión muy sólida, y protegen con gran fuerza sus costumbres, su cultura y el medio ambiente que los sustenta.

Nacimiento

Le pregunté sobre la actividad de los niños en su comunidad y él contestó:

—Según su naturaleza.

Me contó que el nacimiento del primogénito, ya sea niño o niña, resulta muy especial, y son llamados Mubai. Lo interrumpí diciendo "yo soy primogénita" —contenta de encontrar alguna afinidad con ellos —, "y tengo hermanos pequeños".

El me miró —noté en seguida la penetrante mirada obscura de sus ojos, que no pude descifrar, mientras sentía una sensación de gran respeto; no me atreví a comentar nada más–, y siguió adelante con su tema. Me explicó que los Mubaí son considerados personas apartadas, nacidos con facultades especiales, pues los dioses los han dotado con poderes ocultos y el carisma necesarios para dirigir al pueblo y ayudar a los enfermos. Son los preferidos de los dioses, y a ellos les enseñan a manejar sus poderes y a hablar con los espíritus.

Todos los niños pasan su infancia entre el cariño de los padres y el aprendizaje del conocimiento y la cultura. Al año del nacimiento se hace una fiesta y se les escoge un nombre según su habilidad.

Los varones aprenden las labores propias del campo, haciendo de ellos hombres capaces de mantener en el futuro sus propias familias; las niñas son entrenadas en las labores domésticas, así como en el cultivo de plantas y su procesamiento.

Llegamos a un pequeño poblado a orillas del río Changuinola. Allí me indicó con su arpón una choza diciendo:

—No verás a Cintara, él ya no está aquí. Pero en la choza de cuatro caminos encontrarás al más maravilloso de los Tequinas. Debes hablar con él. Ya entenderás. Toma, esto es para ti, cuídalo, no dejes que muera —dijo, mientras extendía una plantita de frescas hojas verdes con una hermosa flor, que tomé con cuidado.

—Yo iré a pescar—afirmó, muy seriamente.

Aún sorprendida, le agradecí el regalo, y nos separamos. Yo caminé en la dirección que me había indicado. Cada uno de los cuatro caminos que conducían a la choza se iniciaba con una figura diferente tallada en madera, y el sendero tenía en sus orillas diferentes plantas de tonalidades verdes y formas alargadas.

Por fin, llegué a la choza y entré. La familia que encontré era numerosa, y me dirigí al más anciano para entregarle los obsequios que traía. Él me los agradeció con un simple asentimiento de cabeza. Le comenté que Carabaru, Cintara y Curnica me habían hablado sobre su cultura, y que yo quería saber un poco más de sus costumbres familiares para mi trabajo de investigación. El sabio anciano, delicado en su trato, me indicó un pequeño banco de madera tallada rústicamente y me pidió que me sentara.

Ya me sentía mejor, la fiebre había cedido y estaba más fresca y cómoda.

El noble Tequina me dijo:

—Tu perseverancia ha logrado que este día estemos juntos. Te hablaré de nuestras costumbres ancestrales, que aún hoy son parte de nuestra vida.

Adolescencia

Hablando pausadamente, como si quisiera recordar cada detalle antes de iniciar su relato, me explicó una ceremonia que los Ngöbe-Buglé realizan cuando sus hijos o hijas alcanzan la edad de adolescencia. Se le llama Ritos del Pasaje.

La ceremonia femenina tiene dos momentos:

El primer ritual se inicia aislando a la adolescente en una pequeña choza cerca del río. La Bicho, o matrona que orienta a la joven, se ocupa de darle una alimentación especial y la aconseja sobre su futuro. Este ritual dura cuatro días y termina con el corte de su cabello a mitad de las mejillas.

El segundo ritual consiste en un semi–aislamiento que dura treinta días dentro de su casa, donde sólo se ocupará de tejer. Al terminar el período, la llevan al monte a buscar espinacas que ella misma deberá cocinar. Se dará un baño en las aguas del río, de donde regresará a casa, donde debe salpicar a los invitados presentes con un líquido especial preparado por la Bicho.

Mientras el anciano se quedó pensativo de nuevo, yo observé a la familia en su choza. Todos estaban muy atentos a lo que decía su patriarca. Los hombres habían dejado a un lado sus herramientas y las mujeres habían dejado aparte sus quehaceres. Los pocos muebles que había eran muy rústicos, hamacas y chácaras colgando por doquier. Me llamó la atención una en la que había un recién nacido llorando y moviéndose hasta que una de las mujeres lo cargó en sus brazos. En el suelo, cerca del fogón, observé una gran piedra cuadrada y sobre ella una piedra cilíndrica con la que estaban moliendo su maíz.

El anciano, jorobado por el peso de sus años, siguió su narración, entonces, sobre la ceremonia masculina, que tiene un fuerte carácter de secreto. De ella sólo me permitió saber que se oficia en lo más profundo de la selva, y que cuenta con la única presencia de los oficiantes y de uno o varios Tequinas. En ese lugar realizan pruebas de iniciación muy rigurosa y muy difícil de pasar. Esta ceremonia tiene varios nombres: en algunos lugares se llama Clarida y, en otros, Urote.

El Ougun, o jefe, y sus ayudantes usan grandes máscaras de madera rodeadas de hojas y hablan en dialecto sagrado durante este ritual.

Salud

Quise saber si tenían doctores y el abuelo, contento con mi curiosidad, comenzó a hablar sobre un personaje muy importante dentro de su cultura.

El Sukia, un médico o curandero que posee conocimientos de medicina botánica tradicional, tiene poderes especiales para dominar las enfermedades, para comunicarse con los espíritus y para ver el futuro. La condición para poder llegar a ser Sukia —mágico y poderoso— es nacer primogénito de la familia, o sea, un Muabí. Deben tener algún signo desde su nacimiento: lunar, mancha o deformación.

—Así como ese lunar que tienes en el pómulo —señaló el abuelo.

Sonrojada, me llevé la mano a la mejilla.

El anciano me preguntó, con voz suave, si me sentía mejor y dio indicaciones a una de sus hijas para que me diera un coco con líquido caliente, cuyo sabor no pude precisar, pero que sentí muy agradable en mi estómago. Se lo agradecí mientras me acomodaba en el banco, tratando de estirar las piernas, que ya empezaban a sentir un cosquilleo, y seguí más tranquila escuchando su mensaje.

La función principal del Sukia, prosiguió el jefe de familia, es establecer contacto con el mundo espiritual, lo que le permite interpretar los sueños y adivinar hechos futuros con las prácticas secretas que le son enseñadas sólo a él. Con estos conocimientos tiene la capacidad de sanar a los enfermos.

Pregunté si tenían celebraciones especiales, y entonces el padre, un indígena fuerte y alto, intervino comentando que entre las costumbres de la tribu están las frecuentes reuniones entre familiares y amigos.

El anciano abuelo bajó un poco la cabeza y prestó atención al relato de su hijo, quien comentó que las más importantes son la balsería y la chichería.

Festejos

47

La balsería es un deporte tradicional de ritual mágico y un fenómeno social que en su lengua se denomina Krung Kita y que se realiza desde hace más de tres siglos.

La más célebre se realiza durante la cosecha de los pixbaes, donde llevan una vestimenta especial, como sombreros con istosas plumas de quetzal o guacamaya.

También camisas adornadas con hermosas chaquiras y un tigrillo o un gato-solo disecado sobre la espalda, que lucen como adorno y signo de ser buen cazador.

Durante esta festividad sólo participan activamente los hombres, las mujeres cocinan y preparan las bebidas. Los jugadores usan pintura facial en rojo, blanco y negro con motivos geométricos y ondulantes, unos palos de balsa livianos, de cinco a seis pies de largo, y de y tres a cuatro pulgadas de ancho, con forma redondeada en el extremo con el que se golpeará a los oponentes.

El acompañamiento musical se realiza con ocarinas de barro, flautas de hueso, megáfonos de cuernos de vaca, idiófonos hechos con caparazón de tortuga y pequeños tambores para el acompañamiento.

Los jugadores hacen coro y cada capitán se pone con su grupo frente al otro. Cuando el capitán más joven inicia el juego, se coloca frente al capitán más antiguo para recibir su golpe. Este apunta con la vara de balsa hacia su pantorrilla, dando así permiso para que todos los participantes hagan lo mismo. Si el atacado logra esquivar el golpe, se cambian los roles y le toca a él ser el tirador.

En este juego sólo se puede tirar a la pantorrilla. Si alguien lo hace al muslo, se toma por una ofensa y puede provocar serias discusiones.

Los personajes importantes son el retador, Kububu, quien ha patrocinado la balsería, y el Edabali, que acepta el reto. Esta actividad dura dos días, y al tercero se inicia la feria en la que hacen el comercio de sus mercaderías.

La relación de hermandad ritual incluye dos ideas: armonía y discordia. La familia entera disfruta y participa de esta celebración, desplazándose con sus enseres, dispuesta a pasar varios días.

La chichería, por su parte, es un ritual social que tiene por nombre Köbolilí y se realiza para celebrar las cosechas, como la del maíz o ñoñoco, y rige el sistema de hermandad ritual Etebali. Es una invitación a beber chicha de maíz fermentado y participar en un banquete, donde el anfitrión ofrece hasta el derroche.

Esta ceremonia social dura un día, pero puede extenderse más. Una delegación se encarga de buscar al invitado. Durante su traslado deberán celebrar cuatro brindis, y este número, ritual y simbólico, regirá toda la ceremonia donde se llevan a cabo cantos colectivos guiados por cantantes especializados y danzas en las que participan hombres y mujeres.

La tarde avanzaba y el anciano, incorporándose, me indicó que debía regresar a casa. Al despedirme de ellos, agradeciendo sus atenciones y relatos, les pregunté si conocían a mis amigos Carabaru, Cintara y Curnica. Se hizo un largo silencio... y el gentil anciano, llamándome a su lado, me dijo:

—Acércate. Tú has sido puesta a prueba y elegida para conversar con los espíritus. Ellos eran un sabio Quevi, un noble Sacro y un fuerte Cabra que, junto a su pueblo, defendieron nuestro territorio de los conquistadores. Ellos quieren que tú preserves nuestra cultura para que la niñez no olvide sus raíces, para que no olviden a sus héroes... Yo, descendiente del Gran Quevi Carabaru, te pido que realices tu misión.

Rumbo a mi pueblo

De regreso, ya sintiéndome por completo curada y contenta de volver a mi hogar para compartir con la familia y los amigos mis nuevos conocimientos.

Reflexioné sobre todo lo ocurrido, con mis tres regalos en mano: la semilla, la flecha tallada en piedra y la plantita. Sintiéndome con renovado espíritu, prometí que no sólo realizaría mi trabajo, sino que haría este cuento para ti, para compartir contigo la semilla que simboliza el conocimiento, la flecha de piedra que simboliza el trabajo y la plantita que simboliza el amor a la naturaleza, pues todos debemos llevar siempre este sentimiento en nuestro corazón.

Perfil de la autora

Yolanda Rios de Moreno

Nace en Monterrey, Nuevo León, México. Cursa estudios de Bachillerato en Humanidades de la escuela abierta del Instituto Tecnológico de

Estudios Superiores de Monterrey. Se traslada a Panamá en 1968, a los 19 años de edad, y se dedica por completo a su hogar; más adelante, labora en la industria turística, como gerente administrativa de aparthoteles. Activa en asociaciones, fue presidenta de la Sociedad de Esposas de Ingenieros y Arquitectos, del Club de Ejecutivos de Transportes, Hoteles y Agencias de Viajes, donde le fue otorgado en 1999 la presea de la Comunicación, por su dedicación durante varios años a la Edición del —Boletín Ehta Internacional‖. Colaboró en diversos puestos directivos de la Asociación Panameña de Hoteles, habiéndose hecho acreedora a diferentes reconocimientos por su destacada labor en la organización de Cursos y Seminarios. Ha participado en diferentes talleres de poesía, redacción literaria, de cuentos y de novela, y desde su retiro se dedica a la redacción de cuentos, dando mayor atención a las narraciones infantiles.

www.ingramcontent.com/pod-product-compliance
Lightning Source LLC
Chambersburg PA
CBHW060506160726
47992CB00003B/1350